JN410114

사랑을 잡아야 할 때와 놓아야 할 때

이민호 시집

교음사

有數 이민호

이민호 시인은 경남 통영에서 태어나 1981년 문단에 나와 소설, 시, 수필 등단하여 주로 동시대에 함께 살아가는 사람들과의 포용과 배려 나눔에 관한 산문과 이성간의 사랑을 노래하는 시(詩) 작품을 발표하고 있다.
단편소설 『사랑과 슬픔』 『배반의 장미』 시 산문집 『사랑은 받을 때보다 줄때가 더 행복하다』 수필집 『동행(同行)』 시집 『사랑은 그리움 외로움 기다림의 시작입니다』 『사랑을 위한 변주』 『너의 이름 사랑이다』 『그대 나의 사랑아』를 펴내었다.
제3회 정수경 문학상(시)과 제28회 수필문학상을 수상하였고 경남문화예술진흥원 문화예술진흥기금(2015) 부산문화재단 문화예술진흥기금(2017) 경남문화예술진흥원 문화예술진흥기금(2019) 진주시문화진흥기금(2020) 경남문화예술진흥원 문화예술진흥기금(2022년)을 수혜받았다.

계간지 『시와 수필』 편집장, 반연간지 『문예 감성』 편집이사, 남강문학회 사무국장, 국제PEN한국본부 경남지역위원회 사무처장, 감사를 역임하였다.

현재 국제PEN한국본부 이사. 홍보위원회 위원, 한국문인협회, 국제PEN한국본부 경남지역위원회 회원, 한국수필문학가협회 이사, 시림문학회 자문위원, 계간 『시와 창작』 고문, 월간 『수필문학』 편집위원으로 활동하고 있으며,
〈이민호문학상〉 〈통영 동피랑문학상〉 〈진주남강문학상〉을 제정하여 한국문단 발전에 기여하고 있다.

e-mail: sysbsy@naver.com
sysbsy@hanmail.net
Mobile: 010-3552-2693

책 머리글

우리만큼은
아프지 않았으면 좋겠어
그저 우리만큼은 슬프지 않았으면 좋겠어

기다리는 시간이 힘들어도
보고 싶어 눈물이 나도
따스한 봄날처럼
즐거웠던 그 순간들을 생각하며

서로 믿고
이해하고 위하는
그런 사랑만 했으면 좋겠어

2022년 7월에
사랑시인 有數 이민호

· 차례

1. 그리움은 언제나

2. 우리 사랑은

3. 나팔꽃 사랑

4. 사랑이란

5. 사랑을 놓아야 하는 시간

1

그리움은 언제나

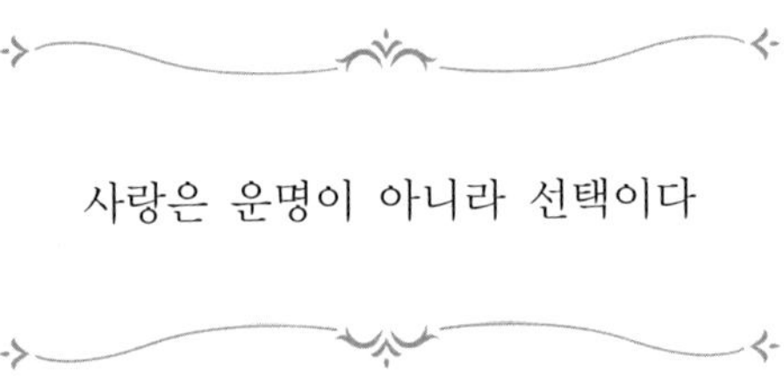

사랑은 운명이 아니라 선택이다

첫사랑 2

소녀였다
아침 이슬처럼 맑고 영롱한
순백의 장미향을 간직한 정녕 순수의 절정이었다

아름다웠다
한낮 호수 위에 피어난 윤슬처럼
빛나는 모습을 지니고 있었다

그리웠다
아침에 눈을 뜨면
너를 바라볼 수 있는 기쁨으로 설레었다

보고 싶다
가슴에 지울 수 없는 그리움으로 남은
너를
만나고 싶다

그리움 23

아침 햇살이 창을 두드리면
그리움이 밀려옵니다

밤하늘 별들이 나를 향해 반짝거리면
우수수 그리움이 몰려옵니다

달도 지고
별도 잠들고
또 아침이 오면 나는
그대 그리움에 다시 젖어듭니다

그리움 24

진한 아메리카노에 그리움을 타서 마신다

모두 잠든 밤
자꾸만 생각나는 사람
짧은 머리에 해맑은 눈웃음이 매력적인 그녀

깊은 그리움에
하얀 밤이 자꾸만 길어져 가고

바스락바스락 바람결에 가을이 깊어져 간다

그리움 25

어느 하늘 아래에 있을까
허공에 불러보는 그대여

나는 이곳에 있어요

머나먼 아득한 그대를
밤하늘 올려다보며 그리워하네

나는 그대의 이름이고 싶어요

그리움은 어두운 밤하늘 날갯짓하고
깊은 외로움 속에 느끼는 간절함

그대를 생각하면 눈물이 납니다

그대를 만나는 날엔

그대를 만나는 날엔
하늘 가득 비가 내렸으면 좋겠습니다

그대와 우산 속 빗속을
발목 흥건해지도록 걸었으면 좋겠습니다

호수가 내려다보이는 언덕 찻집에 마주보며
커피가 다 식도록 긴 이야기를 나누었으면 좋겠습니다

그대를 만나는 날엔
하루 종일 비가 내렸으면 좋겠습니다

그대와 함께

나는 오직
그대를 위한 사랑이고 싶습니다

그대만을 바라보며
즐거워하고 행복해지고 싶습니다

나는
그대와 체온을 나누며
평온하게 잠들고 싶습니다

오직 그대를 위해 정열을 다 바쳐
사랑하고 싶습니다

그 여인

어두운 창밖에 비가 내리고
혼자 TV를 보다가 드라마 속 활짝 웃음 짓는
이제 중견이 된 그녀를 본 순간
며칠 전 1호선 지하철 안에서 마주친
그 여인이 생각난다

깊은 눈망울에
걸려온 전화 받으며 밝게 웃음 짓던
선명한 붉은 입술이 매력적으로 다가와
뇌리에 깊게 각인된 그 여인
어느 순간순간마다 떠오르는
그 깊은 눈동자를
그때 그곳에서 다시 볼 수 있을까

그 카페에는

버스정류장 앞 작은 카페에 짧은 머리에 긴 치마가 잘 어울리는 눈웃음이 매력적인 여인이 있습니다. 가냘픈 손으로 드립 커피를 내리는 그녀의 모습을 보면 가던 발걸음을 저절로 멈추게 한답니다. 아침이슬처럼 맑고 조용한 목소리가 아름다운 그녀의 맑은 눈동자에 빠진 영혼 하나 있습니다. 길가 작은 그 카페에는 소녀처럼 풋풋한 모습을 지닌 사랑스런 미미가 살고 있습니다.

내 님

내 님은 어디에 있을까

저 강 너머에 있을까

저 많은 사람들 속 도시에 있을까

어느 들녘에 이름 모를 꽃처럼 피어 있을까

어떤 향기를 지니고 있을까

별처럼 빛나는 눈을 가졌을까

햇살처럼 빛나는 미소를 가졌을까

따뜻한 마음을 가졌을까

오늘 밤 꿈속에서라도 보았으면

남자의 마음

남자는 사랑 받기를 원한다
누구보다 좋아해주고
챙겨주고
배려해주고
아껴주기를 바란다

남자는
상냥하게 말해주고
하고 싶은 것
갖고 싶은 것
좋아하는 것
하라고 하는 여자를 좋아한다

남자는 여자보다 더 사랑받기를 원한다

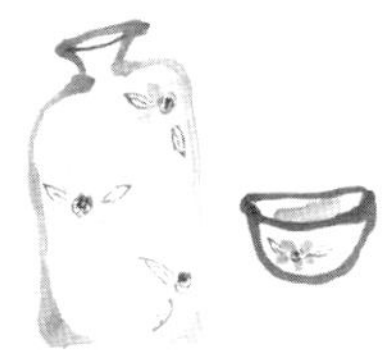

남자의 사랑법

떠나려고 할 때
미련 없이 놓아주고

언제나
포근히 감싸주고
의심하지도
집착하지 않고
늘 사랑으로 말하며

꽃에 비교하지 말고
과거에 대하여
침묵해야 한다

나는 가끔

가끔 나는
비 내리는 쓸쓸한 오후
원두 커피향이 은은하게 퍼지는
강이 내려다보이는 이층 카페에 앉아 창밖을 바라보며
내 영혼의 밖으로 걸어 나와
생의 방관자처럼 나를 바라보고 싶었다

언제부턴가
까닭 없이 밤이 길어지고
내 주위의 모든 것들이 느닷없이 낯설어서
마른기침을 할 때
나는 몇 번이고 자리를 뒤척였다

어디까지 왔을까
또 얼마큼 가야 붉게 노을 진 하늘처럼
뒷모습이 아름다운 사람이 될까
세월의 흔적처럼 늘어난 흰 머리카락을 쓸어 올리며
지난 일기장을 정리하듯
이 황량한 도시에서 허황된 꿈을 버릴까
종종 나는

분주한 아침 지하철역을 빠져나오듯
내 삶의 밖으로 걸어 나와
불 꺼진 간이역에서 혼자이고 싶을 때가 있었다

나는 2

그대 앞에서 나는 가장 나다운 사람이 된다

미지의 세계로 다가온 그대
그대는 특별하다

사랑을 위해 태어나
사랑을 위해 살아가는

나는
그대를 사랑하기 위해
영원을 노래하리

너 때문에

너밖에 모르는 나에게
지독한 외로움을 남겨두고 떠나 버린 너

그대는 이 밤도 어느 가슴에
또 다른 사랑을 심고 있는가

이다지도 아픈 사랑일 줄 알았다면
같이 웃고 울고 즐거워하지 않았을 것을

그 다정했던 날들이 깊은 멍울로 남아
두 번 다시 슬픈 사랑은 하지 않으리라
다짐을 하고 또 한다

너 때문에

그 사람은

바람 부는 이 길을 걸어가면
붉게 피어난 홍매화 향기가 그 사람
그리움처럼 다가와 온몸을 감싸고
만개한 벚꽃 하늘하늘거리면
수양버들 아래 빈 벤치에 눈물처럼 그리움이 아롱지고
가을이 햇살에 사각거리는
강변산책로를 따라 남기고 간 발자국마다
새겨진 지난 추억을 그 사람은 잊고 지낼까
그리움은 또 계절을 따라 이 길 위로 다시 돌아오고
표정 없는 얼굴로 저만치에서 손짓하네

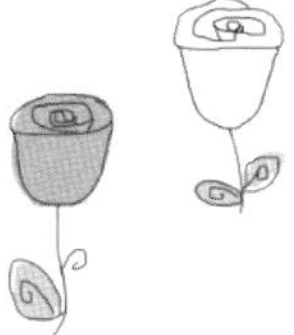

봄비 4

잘 있나요

묻고 싶지만
소리 없이 내리는 비에
그 마음까지 젖어들까 봐

어두운 창밖만 바라봅니다

은행나무

그대 날 외면한 채 그냥 지나쳐 갈까
두려움 앞섰습니다

오래도록 기다린 날 하염없었기에
다시 그대 보지 못할까 가슴 졸였습니다

긴 그리움에 퍼렇게 멍든 가슴 안고
밤을 새워 잎사귀마다 노란손수건을 걸었습니다

마중

네가 오는 날에는
비가 내렸으면 좋겠다
내가 우산을 받쳐 들고 나갈 수 있게

너를 만나러 가는 날엔
바람이 불었으면 좋겠다
바람이 길을 내어 너에게 가 닿을 수 있게

너에게 가는 날엔
흰 눈이 펑펑 내렸으면 좋겠다
세상이 하얗게 첫사랑이 되도록

세상에서 가장 아름다운 고백

사랑합니다 그대를

변함없이

죽도록

2

우리 사랑은

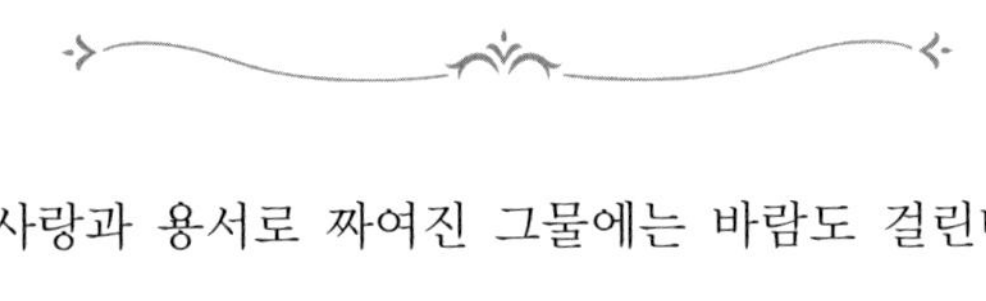

사랑과 용서로 짜여진 그물에는 바람도 걸린다

우리 사랑

아침에 눈을 뜨면
너의 모습이 햇살처럼 다가오고

어깨에 살며시 기대면
따뜻한 체온이 전해와 포근해지고

꽃길이 아니어도
손잡고 걸어가면 즐겁고

마주앉아 눈길 나누면
마냥 사랑스럽고

멀리 있어도
내 안에 있어 너무나 좋은

우리 사랑

사랑 26

파란 하늘이 더 높아 보이는 것도
바다가 더 푸르게 보이는 것도

가진 것 없어도
마음이 따뜻해지고

추운 겨울에도
가슴이 뜨거워지는 것도

다 너의 사랑 때문이다

사랑 27

저 하늘이 파랗다는 건

강물이 푸르다는 건

노래가 즐겁다는 건

하루가 행복하다는 건

너의 사랑이 있기 때문이다

사랑합니다 4

사랑합니다
좋아합니다

그대 옮은 미소도
부드러운 목소리도
좋아합니다

같이 있으면
그대 생각밖에 나지 않아서
즐겁습니다

고맙습니다
함께 웃을 수 있어서

사랑하면

햇볕이 따뜻하면
세상이 따뜻해지고

내가 따뜻하면
주위가 따뜻해지며

우리가 사랑하면
모두가 따뜻해진다

사랑하는 시간

단추를 풀었네
사랑을 느끼면서
입 맞추는 순간
뜨거운 영혼을 느꼈네

나의 사랑 노래가 있어
뜨거운 열정을 쏟아내며
온몸을 불태우는
그런 사랑

사랑할 때는
그 사랑을 위하여
목숨을 걸지

사랑은 4

사랑은
점점 그리움이 깊어져
언제나 가슴이 아립니다

사랑은
꽃과 같아서
작은 바람에도 쉽게 흔들리고

모래사장 같아서
금세 목이 마릅니다

그러나 사랑은
곧잘
참고 견디며

비바람에도 쓰러지지 않고
뜨거운 사막 위 선인장처럼
언제나 꿈을 꿉니다

그 겨울은 따뜻했네

지난겨울은 따뜻했네

텅 빈 거리에 바람이 불어도
비가 내려도
작은 카페에서 그녀가 끓여준
레몬차를 마시며 즐거워했네

바다 여행을 떠나며
오고 가는 차 안에서 손을 꼭 잡고
나눴던 밀어가 참 좋았네

함께 술을 마시다
메마른 내 입술을 축축이 적셔주던
그 겨울이 너무나 따뜻했네

함께할 사람

외로울 때 부를 사람 있다는 것

그리울 때 만날 사람 있다는 것

슬플 때 기댈 사람 있다는 것

꿈같은 사랑

'좋아합니다'
한마디에
그대에게 빠져 버렸습니다

그대의 미소
그대의 눈빛
그대의 목소리

그대 떠올리면
설렘으로 두근거리고
가슴이 터질 것만 같아
온통 그대 생각으로 하루를 보냅니다

어느 날 꿈결처럼 다가온
황홀한 멋진 사랑
소중히 간직하고 싶습니다

그대 꽃

그대는 사랑으로 피어난 꽃입니다

세상의 많은 꽃들 중에서
가장 향기롭게 피어난
오직 사랑을 위한 꽃입니다

그대는 뜨거운
나의 사랑으로 피어난
이 세상 어느 꽃보다 붉고 아름다운 꽃입니다

아름다운 나의 꽃
그대는 나의 사랑입니다

사랑의 꽃

그대는 오직
사랑 하나만을 위해 피어난 꽃입니다

바람 부는 황량한 들판에 홀로 피어나
그리운 님을 만나게 되었지요

이름 없는 꽃으로 피었다가
사랑으로 이름 붙여진 꽃

단풍 붉게 물드는 이 가을
온통 사랑의 빛으로 눈부신 그대는
세상에서 하나밖에 없는 사랑 꽃입니다

연서 1

-그녀에게서 온 편지

오늘은 거리에 바람이 많이 붑니다
국화 향 가득한 찻잔을 들고서 창 넓은 윈도우에 서서
바람에 떨어지는 낙엽을 봅니다

그대를 만나고 처음 맞는 이 가을
점점 붉게 물들어가는 단풍잎처럼 설레는 가슴을 그대 넓은
어깨에 마냥 기대고 싶습니다
온종일 서서 바쁘게 일을 하면서도 잠시도 그대 생각을 지
울 수가 없어 하루가 길게 느껴집니다

그대의 고백에 온전히 사로잡혀 버린
내 영혼은 오직 한곳으로만 향하고 있습니다
사랑한다는 그대 말에 온 세상을 다 가진
나는 너무나 행복합니다

나 또한 그대를 사랑합니다
그리고 그대는 내 생애 마지막 사랑으로
기억될 것입니다

그대 위해

밤하늘별을 따다
목걸이를 만들어 줄까

미리내를 길어
발을 씻어 줄까

나 그대 위해
새벽하늘 사랑별이 되어
잠든 그대 창가를 환하게 비춰주리

사랑 빛

좋아해!
한마디에 반해 버린 사람
깊어가는 가을 속에서 사랑을 속삭인다

바람 불어 낙엽은 지고
사람들이 떠난 어두운 거리에
저만치 환해지는 빛

두 개의 빛이
하나가 되는
눈부신 사랑

그녀의 브래지어

그녀는 행복하다
봉긋 솟아오른 자신감은
당당함 그 자체이다

하늘로 한껏 업 시킨
곧추선 가슴 걸음걸음마다
힘찬 생명이 출렁인다

하얀 우윳빛 감성을
감싸 안고 있는 브래지어
탱탱한 자태는 참 아름답다

사랑 꽃 2

세상의 어떤 꽃도
너보다 예쁠 수 없어

세상의 그 누구도
너보다 향기로울 수 없어

이 세상 어떤 사랑도
우리 사랑만큼 아름다울 수 없어

세상에서 단 하나뿐인
너는 나의
사랑 꽃

사랑 꽃 3

오늘도 하늘에 별이 뜬다
그대는 저 별들보다
아름답게 빛나기를

오늘도 들에는 꽃들이 피어난다
그대는 저 꽃들보다
더 행복하게 미소 짓기를

하늘엔 별이 뜨고 지고
대지엔 꽃이 피고 지고 있지만

그대는 언제나 사랑으로 빛나고
지지 않는 꽃으로 피어나기를

사랑 병

보고 싶다가도
싫어지고

좋았다가도
미워지고

마음이
들쑥날쑥

내 마음 반만 알아주면
좋을 것을

사랑은
마음이 늘 불안한 병

비오는 아침

오늘 아침에 내리는
빗소리가 참 좋아

톡 톡 톡
창을 두드리는 소리

행복한 재잘거림
꼭 너 같아

온종일 축축히 가슴을
적셔오는 너

너는
사랑의 단비 같아

3

나팔꽃 사랑

사소한데서 진심이 보이는 것처럼 사랑도 마찬가지다

나팔꽃

하루 종일 일터에서 동동거리다
캄캄한 늦은 밤 지친 몸을 이끌고 돌아와
아무런 기색 없이 환한 모습 보이는 당신

바람 부는 날에도
온몸 비에 젖는 날에도
우뚝 일어나
온 정성을 다하는 당신은

지순한 사랑을 주는
나팔꽃입니다

목련

골목 안 노란 담장 너머 목련나무 한 그루
길 위로 내민 앙상한 가지마다
겨울바람에 움츠렸던 날 보내고

한껏 따뜻해진 봄볕에
달빛에 물든 수많은 추억들을
흰 봉오리 꽃으로 무수히 피어 올려

봄 떠나는 바람에
그리운 꽃잎 편지 하늘 가득 흩날린다

목련 2

지난봄
다시 돌아온다며 약속 두고 간
가지마다

겨우내 품고 있던 그리움
아침 햇살에 풀어놓은
순결한 향기

흰 눈 녹은 가지마다
백옥처럼 송이송이 피어난
고귀한 사랑의 언어

진달래

사랑의 전령사
봄의 여인이여

첫사랑 소녀와 같이
다소곳 앞동산에 피었네

햇살에 수줍어 붉은 얼굴
설레는 가슴

불어오는 실바람에
하늘거리네

벚꽃 2

눈부심이 화려하여
영혼을 사로잡았네

연분홍빛 꽃잎을
햇살에 빛나게 펼치다가

바람결에 하나둘
그리움 자아내며

추억이 물드는 하늘 위에
꽃잎 가득 띄운다

아카시아꽃

아카시아 흐드러진
꽃그늘에 앉아 너를 생각한다

꽃잎을 툭툭 활짝 열어
이토록 향기로운 꽃은

순백의 마음으로
입술에 온통 단물을 머금고
농익은 사랑의 언어를 속삭이는데

너와 나 마음의 문을 열고
툭툭 터트리면 이처럼 향기롭지 않을까

수련

오직 너만 사랑해

바람 부는 날에도
비가 오는 날에도

그 누구를 좋아하지만
아무나 사랑할 수 없어

오직 내 사랑은
햇살 가득 내리는 해님뿐

상사화

새봄 그대 만나려고
제일 먼저 찾아왔어요

잎사귀 무성하게
키우고 가꾸면서

만남을 기다렸어요
오매불망 내 님을

여름이 될 때까지
오지 않는 님

보고픈 분홍빛 사연
가슴에 아롱 새겨요

자운영

단발머리
유난히 붉은 볼 그 소녀
지금 어느 하늘 아래 있을까

자운영 꽃
흐드러지는 이맘때면 생각난다
미소가 고왔던
순이

코스모스 2

하늘하늘 연분홍 꽃잎
청순하게 피었네

꽃말도 예쁘다
소녀의 순정

가느린
꼭 그대 모습이네

철쭉

푸른 오월 하늘

눈부신 햇살 입 맞춘 자리

빨갛게 물들인 사랑

가슴 터질 듯 뜨겁다

천일홍

초가을 피어난 천일홍
가녀린 꽃대 가지마다
청순한 보랏빛 얼굴

푸르른 하늘 사이로
서늘한 바람 불어와
고추잠자리 나비 날고

햇살 빛 고운 꽃송이
너의 뛰는 가슴속
아름다운 사랑을 꿈꾼다

능소화

햇살 가득 바람마저 따스한 날

어디론가 훌쩍 떠나고 싶어
살며시 눈을 감고
푸른 하늘을 날아 본다

봄은 푸른 풀빛 향과
부드러운 실바람이 온통
온몸을 감싸고 있는데

그대는 소식 없고
그리움 붉게 물든 가슴
하늘 올려다보며 눈물짓는다

능소화 2

담장 너머
꽃 등불 붉게 켜고
외로이 핀 능소화

애절한 사연
한여름 밤 꿈이던가

오지 않는 님
기다리는 마음 온통
붉게 물들고

내리는 한줄기 소낙비에
고개 숙였네

복주머니꽃

봄을 재촉하는 봄비에
온몸을 적시고 피어난 꽃

긴긴 겨울날 차디찬 고독을 이겨내고
하늘 풀잎 연홍색 빛 희망 피어 올려

수줍은 작은 가슴 애태우며
아름다운 사랑 꿈꾸고 있네

홍매화

달 밝은 강가
벚꽃나무 사이에 선
홍매화 한 그루

봉긋하게 물오른 가슴
화장 곱게 한
봄처녀 같다

새벽잠 떨치고 일어난
서쪽 하늘 사랑별 눈 활짝 뜨고
넋 놓고 보는 사이

한순간 더 붉어져
환해지는 얼굴

구절초

청초한 꽃에서
그녀의 향기를 맡는다

긴 치마 사뿐한 걸음걸이
가녀린 몸짓에서 피어나는 은은한 향기

소담하게 안겨 오는
잔잔한 미소

그녀가 아침 이슬 가득 머금고
내게 다가온다

단풍

그대 화사한 모습 닮은
가을 단풍

아름다운 모습에 매료되어
나도 물들어가고 있네

뜨겁게 불타오르는 가슴
영원히 붙잡아 두고 싶어

백일홍

비워도
비워도
다시 채워지는 그리움

마음속 깊이
머물고 있는
그대 잊을 수 없어

먼 하늘 바라보며
그리움에 사무치지만

때로는 지난 추억을 떠올리며
행복한 미소 지어요

접시꽃

붉은빛 온몸 감싸며 하늘 향해
비상을 서두른다

애틋한 사랑
그리운 가슴 안고
바람부는 길목에 서 있는
그대를 본다

지나온 사연만큼
층층으로 피어올린 그리움

님이 알아 차릴까
더 높이 연분홍 날개를 펼친다

4

사랑이란

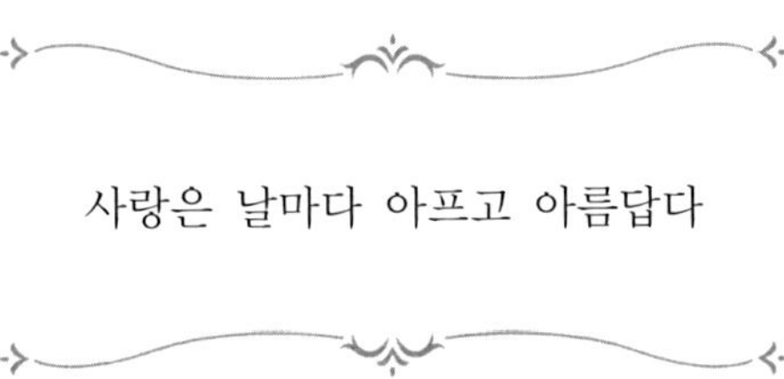

사랑은 날마다 아프고 아름답다

애인

늦은 밤 한적한 거리를 나란히 걸으면
발을 맞추며 천천히 걷는 여유가
얼마나 다정한지

불어오는 실바람 위에
긴 목으로 나지막이 읊는 사랑 노래

그윽하게 울려 나오는 음률은
향기로운 사과 향처럼 온몸을 감싸네

언제나 함께하고 싶은
너의 가슴에 얼굴을 묻고
심장 소리를 들으면 포근해져 온다

콩깍지

부스스한 맨얼굴을 보여도

손 가리지 않고 하품을 하여도

바지든 치마든 옷을 아무렇게나 입어도

닭발이든 곱창이든 아무거나 다 먹어도

마냥 좋고
예쁜
너

그대는 꽃

그대는 꽃이어라
향기도 싱그럽다

수줍은 너의 모습
피어나는 꽃봉오리 같아라

만지면 상처 날까 여린 마음
행여 아프게 하면 어떻게 할까

보랏빛 장미를 닮은 너는
내 사랑이 되었네

꽃과 나비

향기로운 꽃을 보니
꽃처럼 살고 싶고

사랑하는 연인을 보니
사랑만 하고 살고 싶다

산에 들에 꽃이 피고

그대와 함께
꽃과 나비가 되어 살고 싶다

너는 1번

휴대전화 단축번호 1번에 저장해 둔 너는
무엇을 하든
먼저이고
우선이다

내게 너무나 어여쁜 너는
두 번째도
세 번째도 아닌
제일 먼저다

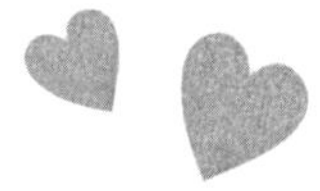

너는 내 밥

세상의 파도에 치여
의기소침하고
우울하다가도

너만 보면
즐겁고 힘이 나

너는 내 사랑이야
너는 영원한 내 밥이야

둘이라서

너를 만나기 전에는
내리는 빗속에 서 있어도
들판에 홀로 서 있어도
혼자 외로워도 좋았지만

지금 너와
거센 비바람이 몰아쳐 와도
태산 같은 어려움이 닥쳐와도
함께 하는 이 순간에는
둘이라서 더 좋다

벚꽃 길

연분홍 꽃잎이 만개한 길
화사한 웃음꽃이 피어난다

불어오는 실바람에 흔들리는 꽃잎은
사랑스런 여인의 몸짓이다

눈부신 햇살에 피어난 길
연인들의 사랑의 밀어가 속삭인다

봄비 5

톡 톡 톡
창을 두드리는 소리

가슴을 적시는 소리

마음속의 그림
청아한 그대 모습 그려본다

밤비

오는 비
기다렸는데

새벽이 오기 전
소리 없이 가버렸네

말없이
떠나 버린 그녀처럼

빨간 거짓말

이제 다시는

그리워하지도

울지도

사랑도

하지 않으리

사랑이란

현실과 이상

사랑과 미움 사이의

결로 현상

사랑이여

어느 날 바람처럼 다가와
영혼을 송두리째 흔들어 놓은 여인

폭풍처럼 정열의 불꽃을 불태웠던
황홀했던 그 날을 잊을 수 없어

눈을 감고 있어도
뜨고 있어도 다가와
가슴 뛰게 하는 여인이여

이 밤도 그리워 잠 못 이루네
아~ 운명의 여인이여
불꽃 같은 사랑이여

사랑길

그대 눈 내리는 길을 나란히 손잡고 걸어가요
축복 가득 내리는 이 길은
오르막도 없고 내리막도 없는 편안한
우리 사랑길입니다

그대 소리 없이 비 내리는 길을 걸어가요
우산 속 어깨 젖지 않는 이 길은
눈물 없는 우리의 길입니다

그대 눈부신 꽃비 내리는 길을 걸어가요
봄 향기 가득 불어오는 이 길은
언제나 행복한 우리 사랑길입니다

사랑법

사랑은 신비로워야 한다
처음 만났을 때
좋아하지 않는 것
싫어하는 것
다 보고 난 사람은
오래 사랑할 수 없다

사랑은 조금씩 알아가야 한다
싫어하는 것도
좋아하는 것도
점점 허용하기 때문이다

소나기 6

뜨거운 눈물이 흘러내리는 줄 알았어

널 만나러 갔다가 하염없이 그 찻집에서 기다리다

흠뻑 그리움만 안고 돌아서던 날

온통 가슴속까지 적시고 말았지

겨울비

삭막한 가슴 적시려
비가 내린다

들에도
산에도
메마른 내 마음 밭에도

아마 그대 외로운 마음에도 비가 내리겠지

이 비 그치고 나면
여린 바람결에 꽃향기 묻어와
차가운 가슴에 새싹 피우겠지

작은 창가에 내 맘 걸어두고 그대 맞으리라

눈 내리는 밤

함박눈이 내린다
님 오는 길에도
님 가는 길에도
소복이 쌓인다

솜털 같은 눈
빈 거리에도
어깨 위에도

온통 눈 내리는 밤이면
내 마음속에도 하얗게
소복소복 쌓인다

하트

그녀의 가슴에
빨간 펜으로 하트를 그려놓았다

그녀가 좋았다
꽃보다 더 예뻤다

그녀가 건네준 미소가
헤이즐넛처럼 가슴에 잔잔하게 퍼지고 있다

그대 만나는 날

그대 만나기로 약속을 한 시간부터
난 행복해진답니다

어떤 옷을 입고 나갈까
무엇을 먹을까
어떤 말로 웃을까
사람들 많은 길을 걸을까
조용한 찻집에서 커피를 마실까
밤바다에 가자고 할까
술을 마실까
이 설레는 가슴을 무엇으로 진정 시킬까

그대 기다리는 이 순간이
마냥 설레는

아,
주체할 수 없는 두근거림이여

5

사랑을 놓아야 하는 시간

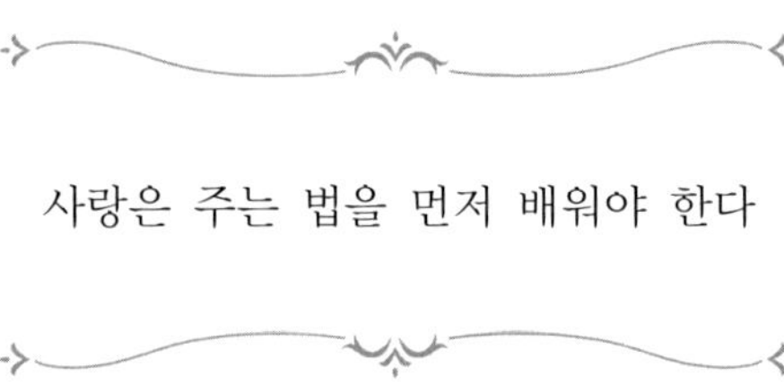

사랑은 주는 법을 먼저 배워야 한다

사랑을 놓아야 하는 시간

어느 순간 사랑을 놓아야 했다
어떤 날은 바람이 불었고
또 어떤 날은 비가 내렸다

봄꽃이 만발해 바람에 날리는 날도 있었고
햇살이 회색빌딩에 하얗게 내리던 날도 있었고
은행잎 바람에 흩어지는 밤거리에 인적이 멀어져가듯
그렇게 사랑을 떠나보내기도 했다
그런 날에는 하늘이 아득해지고 깊은 바닷속 아래로
가라앉는 아픔으로 오랫동안 가슴앓이를 해야 했다

어느 순간부터 사랑이 찾아오면
이별을 준비하는 마음을 갖기 시작했다
더 아픈 이별을 맞지 않기 위해

우리만큼은

아프지 않았으면 좋겠어
그저 우리만큼은 슬프지 않았으면 좋겠어

기다리는 시간이 힘들고
보고 싶어 눈물이 나도
따스한 봄날처럼
즐거웠던 그 순간들을 생각하며

서로 믿고
이해하고 위하는
그런 사랑만 했으면 좋겠어

사랑한다면

사랑한다면
이상과 꿈이 달라도 좋다

4차원의 생각과
취미가 다르고
식성이 달라도
이해할 수 있다

다른 생각과
또 다른 생각은
사랑으로 헤쳐 나갈 수 있다

사랑은 서로 부딪쳐 금이 가는 것이 아니라
문제점을 해결해 가는 것이다

사랑 색깔

순수한 사랑의 색은 흰색이다

풋풋한 사랑 색은 초록이다

꿈꾸는 사랑의 색은 파란색이다

절망의 사랑의 색은 노란색이다

영원한 사랑의 색깔은 자주이다

빨간색은 열정으로 피어난 사랑이다

편지

무수한 날들의 추억들이 서성인다
밤마다 자라난 세포들은 지난 기억들을 더듬는다

꽃이 피어나고 소리 없이 지고
아카시아나무 아래 너와 나의 추억의 미로가 있다

밤 바닷가 하얗게 포말을 일으키는 파도의 노래가
방파제에 부딪혀 쓸려가는 그리움이 있다

비 내린 다음 날
바람에 실려 온 폐부를 적시는 너의 향기가 있다

이별 뒤에 뇌리 속에 지문처럼 남은 너의 체취가
지독한 그리움으로 폐허처럼 남아 있다

영혼마저 삼켜 버린 사랑은
빗물처럼 뜨겁게 흘러내리다 차가운 눈물로 번져 흐려진다

그것이 사랑이었다

여태까지 경험하지 못한 미지의 세계
나만이 아는 가슴앓이
그것이 사랑이었다

너를 사랑하면서
너보다 내가 더 미워지고
한순간도 잊지 못하는 시간 속에서
앞마당에 붉게 피었다 송두리째 지고만
동백꽃의 의미를 알게 되었다

네거리 한복판에서
예고 없이 쏟아져 내리는 비를 맞으며
영혼이 일렁이는 뜨거운 오후
미치도록 보고픈 너
그것은 그리움이었다

너를 내 안에서 몰아내려고 하다 보니
상처가 깊어지는 것은 내 자신뿐
목멘 사랑에 눈물겨운
그것은 아픔이었다

물 위에 떠 있는 연잎처럼
너에게 온전히 스며들지 못하고
밤이 되면 더 외로워지는
그것은 슬픔이었다

너를 사랑하고
너만 내 곁에 있어 준다면
내 모든 것을 다 바치리라 맹세한
그것은 사랑의 죄이었다

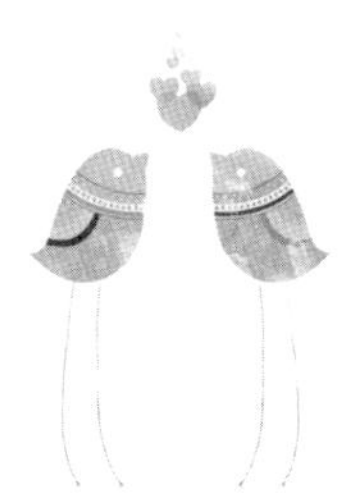

소유

너는 나를
얼마나 사랑할까

내가 사랑하는 것 보다
더 많이 나를 사랑 할까

너에게 준 만큼 보다
더 많이 받으려고 하는 마음

그것들에 노예가 되어
조바심속에 묶여 있네

사랑이라는 이름으로 집착한 것들에

이민호의 사랑 읽기

만남과 이별의 방식(1)

어느 날 그 남자의 여자 친구가 메시지를 통해 이별을 통보해 왔습니다. 이틀 내내 연락이 되지 않아 애를 태우고 있던 중이었습니다. 문장은 너무나 간단명료했습니다. "난 더 이상 구속되기 싫어. 헤어져." 이 참담한 이별 통보를 받고 남자는 깊은 충격에 빠졌습니다. 며칠 전만 해도 "네가 이 세상에서 제일 좋아." 하며 헤어졌는데 전화를 해도 받지 않고 문자도 답이 없어 메신저 어플에서 자신의 이름이 차단되었다는 것을 알게 되었습니다. 말로만 듣던 문자 이별을 당한 것이었습니다. 남자는 며칠을 뜬눈으로 지새우고 휴대전화에 저장되었던 그녀와 함께 찍었던 추억 담긴 사진과 전화번호와 수없이 주고받았던 메시지도 모두 삭제해 버렸습니다.

그런데 열흘 후 늦은 밤 그녀가 술에 취해 잘못했다며 다시 만나자고 전화를 걸어 왔습니다. 남자는 말없이 전화를 끊고 두통의 메시지를 보냈습니다. "나도 네가 싫어." "다시 전화하지 마."

눈만 뜨면 빠르게 변해가는 세상 속에서 만남과 이별도 시대의 흐름에 많이 달라진 것 같습니다. 그래도 낭만이 있는 시절에는 눈물로 한 자 한 자 써 내려간 편지로 대신하거나 한적한 공원에서나 찻집에서 이별을 아픔을 간직하고 멀어져가는 뒷모습을 보며 서로의 행복을 빌어 주었습니다.

지금의 세대에서는 페이스북, 전자메일, 카카오, 메시지를 통한 만남과 이별이 이루어져 관계미학이라는 보편적 정서는 사라지고 대화 대신 기계적 정서가 만연되고 있습니다. 이와 같이 전자(electron) 이별(離別)이 보편화 된다면 헤어진다고 슬퍼하고 아파하고 괴로워 자살을 하는 사람들을 아날로그적인 세상 사람이라고 비웃음 받게 될 것입니다.

이성 간의 만남과 이별의 미학(美學)이란 어떻게 그 사람을 이해하고 배려하고 포용할 것인지를 먼저 생각하고 어쩔 수 없는 이별의 순간에도 사랑했던 그 사람의 행복을 위해 아름답게 떠나보내 주는 것입니다. 만남과 이별의 정해진 방식은 없지만 새로운 만남에만 치중하고 헤어짐을 대수롭지 않게 여기는 것은 인생을 절반만 사는 것과 같습니다.

인생의 시간은 만남과 헤어짐의 연속입니다. 우리가 세상에 태어나 살아가는 동안 얼마나 많은 인연들을 만나고 이별을 하는지 우리는 미처 알지 못합니다. 살아오는 동안 수없이 만나고 헤어진 사람들, 강물이 흐르듯 우리의 인생은 만나고 헤어짐의 연속으로 구성되고 있습니다. 그것을 이해하고 자각한다면 이별 또한 얼마나 중요한지 알게 됩니다. 만남과 이별도 인연이며 인생인 것입니다.

기계적 만남과 이별이 정서가 되어버린 시대, 급변하는 세상 속에서 메말라버린 사회현상에서 사람과 사람과의 만남은 점점 기계적으로 변해 갈 수밖에 없는 현실의 안타까움이 더해집니다.

현시대를 반영하듯 자신의 이상만을 좇아 상점에서 물건을 고르듯 자신에 맞는 상대를 골라 진정한 사랑보다는 쾌락을 위해 결혼은 하지만 혼인신고는 하지 않고 아이도 갖지 않으며 한 공간에 살지만, 자유와 사생활을 간섭받지 않는 것을 원칙으로 삼고 살아가는 세대들, 진정한 사랑과 행복이 무엇인지 생각해볼 때입니다.

만남과 이별의 방식(2)

그 남자는 얼마 전에 그 여자와 헤어졌습니다. 그녀와 만난 지 3개월이 채 되지 않았습니다. 그 남자가 이별을 고하는 찻집에서 그녀는 눈물을 펑펑 쏟아내었습니다. "너무 사랑하지만 우린 서로 맞지 않는다."는 남자의 말에 한참 후 그녀는 "그동안 행복한 추억 만들어 주어서 고마웠다."는 마지막 말을 남기고 자리에서 일어났습니다.

그 남자는 지인과의 약속장소에서 그녀를 처음 보았습니다. 그때는 아무런 감정을 느끼지 못하였습니다. 그녀는 시내에서 작은 카페를 하고 있었습니다. 그리고 몇 개월이 흐르는 동안 종종 그 카페에서 지인들을 만났고 어느 날 그 카페에 갔을 때 텅 빈 실내에 혼자 앉아 사색에 젖어있는 그녀를 본 순간 그녀의 존재가 비로소 눈 안에 들어왔습니다.

그 남자는 며칠 후 그녀에게 좋아한다고 고백했습니다. 그녀도 흔쾌히 남자의 고백을 받아들였습니다. "둘 중 한 사람이라도 싫어져 이별을 말하면 미련 두지 말고 웃으며 헤어지자." 그녀도 남자의 말에 동의하였습니다. 그렇게 두 사람은 만남을 시작했습니다.

그 남자와 여자는 열렬히 사랑했습니다. 그렇게 달콤한 날들을 보내고 있을 때 어느 순간부터 여자의 태도가 점점 변해갔습니다. 이른 아침이건 늦은 저녁이건 아랑곳하지 않고 남자를 조르기 시작했습니다.

서로의 사생활을 존중하자는 약속을 저버린 채 어느새 여자는 남자를 집착하고 있었습니다. "어디에 있느냐." "누구하고 있느냐." "얼마큼 사랑하느냐." 메시지로 전화로 재촉하던 여자는 남자를 만나면 언제 그랬냐는 듯 상냥한 여자로 변해 있었습니다.

그렇게 보면 사랑은 깊이가 더해갈수록 그 사람만 생각하고 전부가 되어 빠져드는 것이기도 합니다. 하지만 맹목적인 사랑은 구속하려 하고 집착의 대상으로 삼게 되어 불행의 씨앗의 싹을 트게 합니다.

내가 사랑하는 만큼 그 사람도 나를 사랑할까를 확인하려 하고 준 만큼 받으려고 하는 사랑은 점점 맹목적인 늪에 빠져들게 마련입니다. 그 사람에 대한 믿음보다는 지나친 의심과 집착으로 마음을 멀어지게 하는 것입니다.

사회적 이슈가 되고 있는 데이트 폭력이나 스토커와 같이 변심한 애인의 집에 찾아가 폭력을 휘두르고 살인을 하는 것은 맹목적인 집착 때문인 것입니다.

스토커 범죄에 택배송장 정보 감추기, 이메일 개정 바꾸기, 전화번호 변경 등 가정용 문서 파괴기의 구매자가 폭발적으로 늘고 있는 지금의 사회현상이 심각하게 대두되고 있는 현실에 비추어볼 때 이 모든 것들은 '네가 아니면 안 된다'는 생각 때문인 것이라 할 수 있습니다.

서로 사랑하다 헤어지게 되면 상대방에게 상처를 주는 감정을 억누르고 좋은 감정으로 떠나보내는 마음이 필요합니다. 그것이 서로를 위한 것이기도 합니다. 각박하고 정서가 메마른 시대이지만 만남도 이별도 좋은 추억으로 남을 수 있도록 상대방에 대한 배려가 절실한 때입니다.

만남과 이별의 방식(3)

그 남자는 사랑하던 여자와 이혼을 하였습니다. 그 여자와 15년여를 함께 살면서 오직 회사와 집밖에 모르고 성실하게 살았습니다. 사십 중반에 마음 맞는 여자를 만나 살림을 차리고 살면서 자유분방하게 살았던 지난 과거를 정리하고 한 여자를 위해 최선을 다하였습니다.

그러던 어느 날 남자에게 불행이 닥쳐왔습니다. 전날 늦게까지 회사에서 야근을 하고 잠자리에 들었다가 아침에 일어나는 순간 머리가 몹시 어지럽고 혀가 꼬인 것처럼 발음이 명확하지 않아 병원에서 검진을 받은 결과 소뇌위축증(파킨스병) 판정을 받고 실의에 빠졌습니다.

날이 갈수록 걸음걸이가 부자유스럽고 병이 깊어져 가자 남자는 여자를 종용하기 시작했습니다. “헤어지자.” “나랑 같이 살면 고생길이 훤하니 떠나라.” 눈물을 흘리며 매달리는 여자를 남자는 이혼서류에 도장을 찍게 하였습니다. 친척, 형제 하나 없는 그 남자는 요양보호사에게 몸을 맡긴 채 하루하루를 버티며 살아가고 있습니다.

요즘 시대에 이런 사랑이 있을까? ‘사랑해서 떠나보낸다.’ 지금의 세대들은 70년대 영화에 나오는 신파 같다며 의심을

할지도 모릅니다.

예전 부모의 세대는 그 집안에 여자가 한번 발을 들여놓으면 뼈를 묻을 때까지 집을 떠나지 않았습니다.

주위의 소개와 미팅으로 현실에 맞는 상대를 골라 결혼을 하는 요즘과 달리 예전에는 부모의 주선으로 선을 보고 약혼을 하고 결혼을 하여 아이를 낳아 기르며 집안 형편이 좋지 않아도 묵묵히 참고 견뎌내며 부부의 정과 오직 자식에 대한 애정과 일념으로 살아왔습니다.

하지만 지금의 세대들은 미래에 대한 불안과 현실의 안정을 이유로 사랑에 대한 확신보다는 적당한 상대를 골라 적당히 사랑하고 싫어지면 헤어지는 것이 정답이라고 말합니다. 사랑도 꿈과 이상이 서로 맞아야 한다는 논리입니다.

사람을 좋아하고 사랑하는 것은 인간의 본질이며 본능입니다. 우리가 어머니 몸 안에 생겨날 때부터 온몸이 따뜻한 사랑에 감싸 있다가 세상에 나와서도 사랑을 받으며 자라게 됩니다. 그렇게 온전히 받은 사랑을 우리는 서로에게 나누며 살아가야 할 운명을 짊어지고 있습니다. 그것을 거스르고 살아간다면 자신의 인생은 황폐해져 삶의 진정한 가치를

잃게 될 것입니다.

지금의 사회현상에 비추어볼 때, 급격한 산업사회의 발달로 인해 개인주의와 이기주의에 사람과의 정도 점점 메말라가 남녀 간의 사랑도 상대에 대한 배려와 이해보다 조건적인 사랑, 먼 미래보다는 현실에 안주하는 편하고 쉬운 사랑을 추구하고 있습니다.

이제 전설처럼 되어 버린 옛 시절, 사랑 하나에 순정과 목숨을 거는 눈물겨운 사랑이 비록 아닐지라도 진실하고 온전한 사랑을 하는 그런 세상이 되었으면 합니다.

이민호 시집
사랑을 잡아야 할 때와 놓아야 할 때

2022년 7월 20일 초판 인쇄
2022년 7월 25일 초판 발행

지은이 / 이민호
발행인 / 강병욱

발행처 / 도서출판 교음사

03147 서울 종로구 삼일대로 457 수운회관 1308호
Tel (02) 737-7081, 739-7879(Fax)
e-mail / gyoeum@daum.net
등록 / 제2007-000052호

* 잘못된 책은 바꾸어 드립니다. 값 13,000 원

ISBN 978-89-7814-865-8 03810

후원

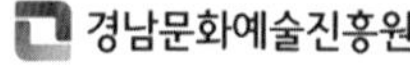

- 이 도서는 경남문화예술진흥원의 문화예술지원을 보조받아 발간되었습니다.